JN344488

지은이 **레오노라 라이틀**
1974년에 오스트리아 린츠에서 태어났고, 린츠 대학에서 그래픽 디자인과 소통 디자인을 공부했어요.
그래픽 디자이너와 일러스트레이터로 활동하면서 여러 어린이책에 그림을 그렸어요.
그동안 그린 책으로 『바이러스 빌리 : 코감기 바이러스의 모든 것』, 『슈테판 대성당 설화집』 등이 있으며,
'오스트리아 어린이 청소년 도서상', '2016 독일 올해의 과학도서상' 등을 수상했어요.

옮긴이 **이정모**
대학과 대학원에서 생화학을 공부했고, 이후 독일 본 대학 화학과 박사 과정에서
'곤충과 식물의 커뮤니케이션'을 연구했어요.
지금은 과학책을 쓰고 옮기며 서울시립과학관장으로 일하고 있어요.

곰팡이 수지

곰팡이의 거의 모든 것

레오노라 라이틀 지음
이정모 옮김

위즈덤하우스

실처럼 생긴 곰팡이, 효모 등을 통틀어 사상균이라고 해.
이건 아스페르길루스라는 곰팡이인데,
물뿌리개의 길쭉한 목처럼 생겼어.
그래서 독일에서는 물뿌리개곰팡이라고 불러.
아스페르길루스만 해도 전 세계에 350가지가 넘는 종류가 있어.

안녕!
나는 곰팡이 수지야.

분류 : 곰팡이(사상균)

하위 분류 : 아스페르길루스(물뿌리개곰팡이)

내가 물뿌리개처럼 생겼다고 꽃에 물을 줄 거라고 생각하지는 마.
(내가 꽃 화분에 피어 있다고 해도 말이야.)
나는 그것 말고 해야 할 일이 따로 있어.
그리고 나는 혼자가 아니야.

우리는 갈 수 있는 곳이라면
어디든 가.

송이버섯에서 효모에 이르기까지
곰팡이의 종류는 아주 많아.
곰팡이의 특성은 식물과 비슷하지만
살아가는 데 햇빛이 필요하지는 않아.
그래서 오히려 동물과 비슷해 보이기도 해.

우리는 주로 자연에서 살아.

우리는 주로 청소하는 일을 해.
땅에 떨어진 열매, 이파리, 솔잎 같은 것을
최대한 잘게 부순 다음에 다시 흙으로 만들어.
통째로 쓰러진 나무도 마찬가지야.
대부분의 일은 딱정벌레, 지렁이, 달팽이 같은 동물들이 하고,
우리는 주로 박테리아와 함께 마무리를 해.

너희 집 음식물 쓰레기통과 퇴비 더미에서도
우리는 정말 열심히 일을 해.

곰팡이는 유기물을 분해하는 역할을 해.
유기물이란 생명체에서 만들어진 물질을 말해.
(돌이나 물처럼 생명을 지니지 않고
자연에 원래 있던 물질은 무기물이라고 해.)
자연의 물질 순환에서 우리의 역할은 아주 중요해.

오물오물!
냠냠!

우리는 항상 특별한 일을 해.

우리는 우리에게 맡겨진 일을 즐겁게 해.
너희가 잠시만 한눈팔아도
우리는 어느새 일을 하고 있을 거야.
예를 들면 냉장고 같은 곳에서 말이야.
우리가 일을 시작하면 음식이 아주 멋진 색으로 변해.
하지만 불행하게도 색이 변한 음식을 먹을 수는 없어.

곰팡이는 축축하고 따뜻한 곳을 좋아해.
하지만 추운 곳에서도 살 수 있어.
물론 널리 퍼지고 숫자가 늘어나는 데는
시간이 좀 더 오래 걸리지만 말이야.

집에도 유기물이 아주 많아.
곰팡이는 음식뿐만 아니라 나무, 화분의 흙,
그리고 가죽 신발과 직물에서도 살 수 있어.

우리를 믿어!
우린 정말 빠르고 철저하게 일해.

우리는 별로 까다롭지 않아.
우리는 약간의 물만 있으면 일할 수 있어.
너희가 목욕탕 바닥에 물을 뿌려 놓거나, 환기를 하지 않으면
방에 습기가 잘 차서 우리가 일하는 데 도움이 돼.
상자를 벽에 바짝 붙여 두는 것도 아주 좋아.
그러면 축축한 공기가 그곳에 모여서
우리가 새로운 일을 멋지게 해내는 데 도움이 돼.

곰팡이는 물건 뒷쪽의 숨겨진 벽 같은 곳에
피기 쉬워. 그래서 이런 곳을 잘 찾아내도록
특별히 훈련된 탐색견도 있어.

오물오물!
쪽쪽!

균사

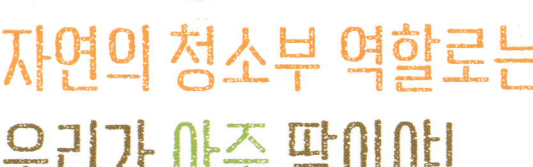

자연의 청소부 역할로는
우리가 아주 딱이야!

1. 크기 : 우리는 미생물들처럼 아주 작아서
현미경으로만 볼 수 있어. 이렇게 작기 때문에
우리는 아무도 눈치채지 못하게 어디든지 갈 수 있어.

2. 협력 : 우리는 아주 작지만 서로 협력해.
함께해야 강해진다는 것을 잘 알기 때문이야.

3. 번식 속도 : 우리를 원하는 곳은 아주 많아.
우리는 몇 분 만에 몇백만 개의 포자를 만들 수 있어.
그래서 그 수가 아주 빨리 늘어나.
포자는 우리의 후손을 말하는 거야.

곰팡이 포자는 크기가
몇 마이크로미터밖에 안 돼.
1마이크로미터는
1밀리미터의 1000분의 1이야.

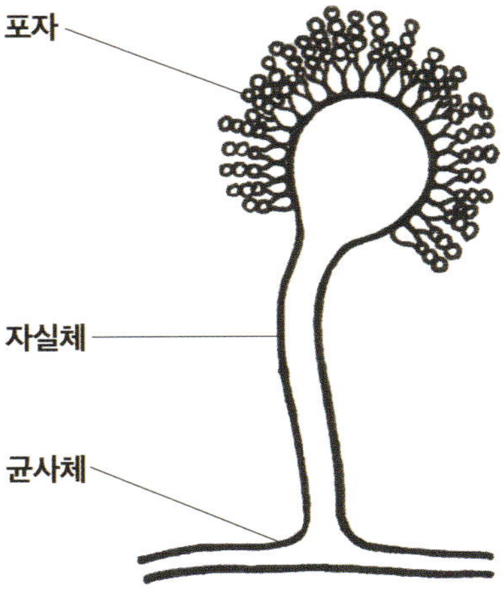

곰팡이는 아주 가는 실로 이루어져 있어.
이걸 균사라고 해. 균사가 모두 모인 것을 균사체라고 해.
그러니까 곰팡이는 균사체인 셈이지.
하지만 눈에 보이는 것은 대부분 자실체야.
자실체에는 포자가 붙어 있어.

우리는 모든 단계를 계획대로 일해.

1. 포자일 때 우리는
보이지 않는 스파이처럼
공기 속으로 흩어져 날아다니면서
새로운 일터를 찾아.

7. 이제 포자들이 다 자랐어.
새로운 일터를 찾아 비행을
떠날 준비가 다 된 거야.

6. 우리의 수가 점점 많아져서 아주 가까이
촘촘하게 모이게 되면 초록색, 노란색, 빨간색,
주황색, 검정색 또는 흰색 곰팡이가 피어.
이때쯤 되면 현미경이 없어도 우리를 볼 수 있어.

2. 적당한 물체를 발견하면
그 위에 착륙해.

3. 그런 다음 그 물체에 새로운
균사를 투입해. 물론 그 물체가
눈치채지 못하게 말이야.
착륙한 물체에 습기가 많으면 많을수록
우리는 더 빠르게 행동할 수 있어.

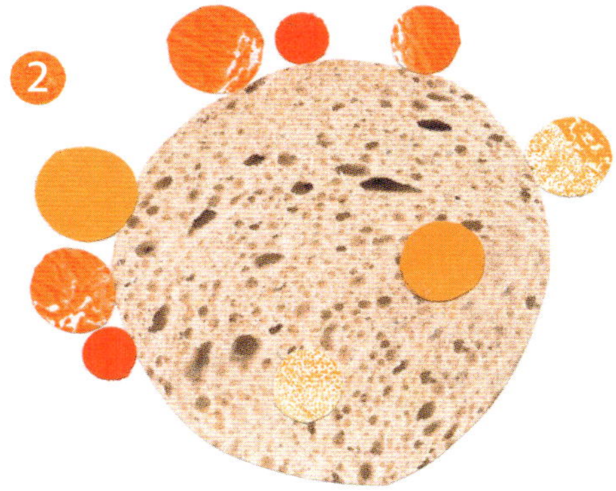

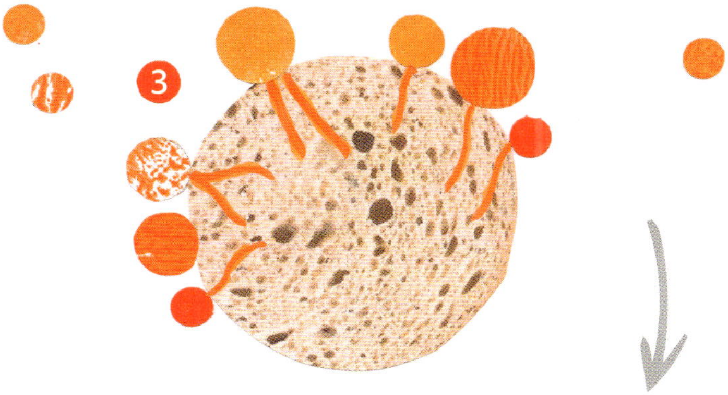

곰팡이가 음식물 전체에 퍼진 경우에도
겉에서만 곰팡이가 보이는 경우가 많아.
그러니까 눈에 보이는 곰팡이만 닦아 내거나
곰팡이가 핀 부분을 잘라 냈다고 해서
그 음식물을 먹을 수 있는 것은 아니야.

4. 균사는 계속 가지를 치면서
점점 더 깊숙이 침투해.

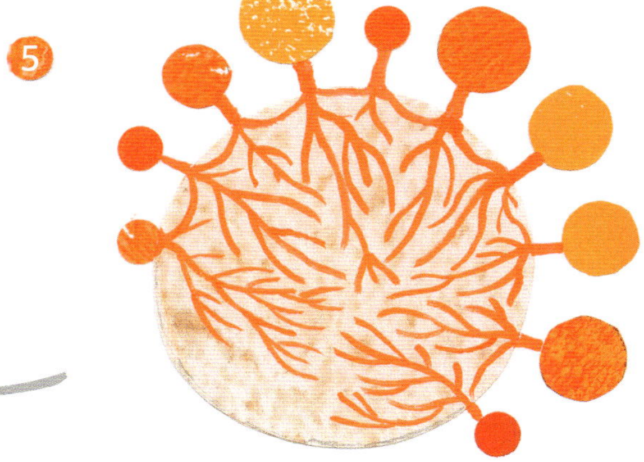

5. 이런 기초 작업이 모두 끝나면
포자가 붙을 자실체가 자라나.

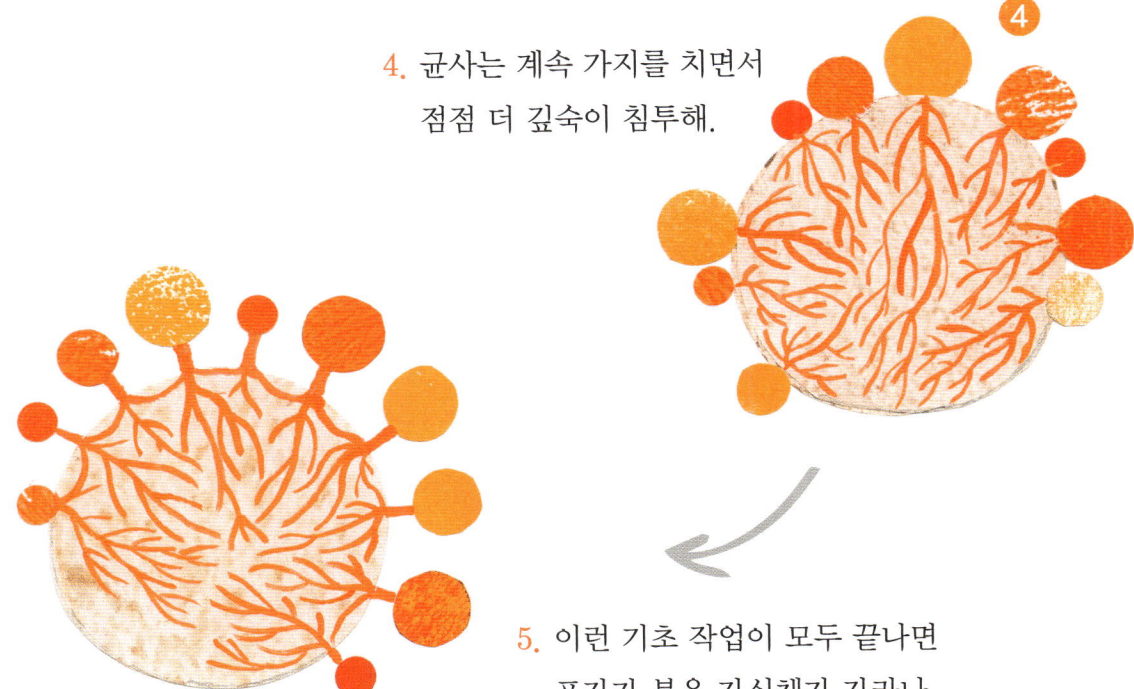

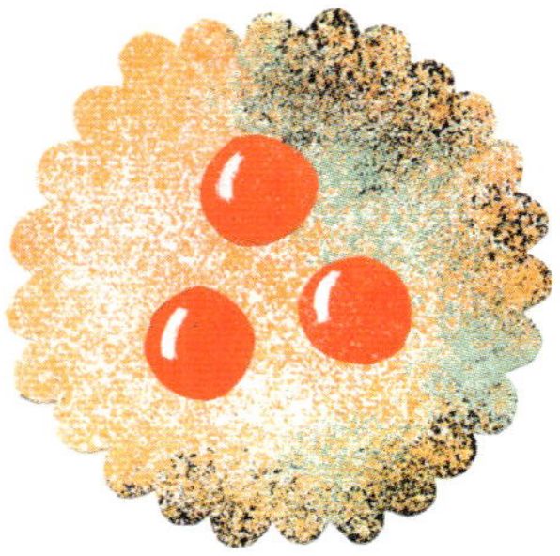

바람은 우리를 아주 많이 도와줘.

바람은 강력한 힘으로 곰팡이 포자를
몇백 킬로미터 떨어진 곳까지 날려 보내 줘.
그래서 우리가 전 세계 어디에나 있는 거야.
우리가 사는 곳이 비좁아져 서로 부대끼게 되면
너희들은 알레르기가 생기거나 두통이 나고
또 심하게 재채기를 하게 돼.
이것은 절대로 우리 잘못이 아니야.
우리는 위험하지 않아.
하지만 우리가 일을 하다 만들어 내는 독성 물질은
너희들에게 위험할 수도 있어.

곰팡이에 대한 알레르기 반응 중에
'농부허파'라는 게 있어. 썩은 지푸라기나 건초와
자주 접촉하면 생기는 알레르기 반응이야.
증상은 폐렴과 비슷해. 사람뿐만 아니라
동물도 곰팡이 독에 병들 수 있어.

곰팡이 자체는 독성이 없지만, 대부분의 곰팡이는
독성 물질을 만들어 내. 건강한 사람은 이 독성 물질에
어느 정도 노출되어도 위험하지 않지만,
환자나 노약자는 조심해야 해.

하워드 카터
곰팡이에 감염된 것으로 보여.

아스페르길루스
푸미가투스
이 연두색 곰팡이의 포자는
다른 곰팡이와 달리
건조한 곳에도 잘 피어.

우리는 잘 견디고 아주 끈질겨.

우리가 견뎌 내지 못할 상황은 거의 없어.
환경이 너무 건조해지면 우리는 휴식 상태로 들어가서
환경이 좋아질 때까지 기다려.
우리가 오래된 묘지나 무너진 동굴 속에서도
몇천 년을 견딜 수 있었던 건 바로 이 때문이야.

투탕카멘 파라오의 무덤을 발견한 고고학자들은 몇 년 뒤에
알 수 없는 이유로 죽었어. 곰팡이 포자와 포자에서 나온 독 때문에
죽었다는 이야기가 있는데 아직 그 원인은 정확히 밝혀지지 않았어.

우리는 아무도 우리를 알아차리거나 지켜보지 않을 때,
방해받지 않으면서 일하는 것을 좋아해.
지금까지 우리는 이런 식으로 많은 일을 해냈어.
보물 같은 책이 가득한 도서관에서 1만 권의 책에
작업을 한 적도 있어. 사람들이 우리를
발견하기 전에 말이야. 정말 대단하지!

오스트리아 린츠 가톨릭 대학교 도서관에 보관된 책에
곰팡이가 피어서 2억 원 가량의 피해가 났어.

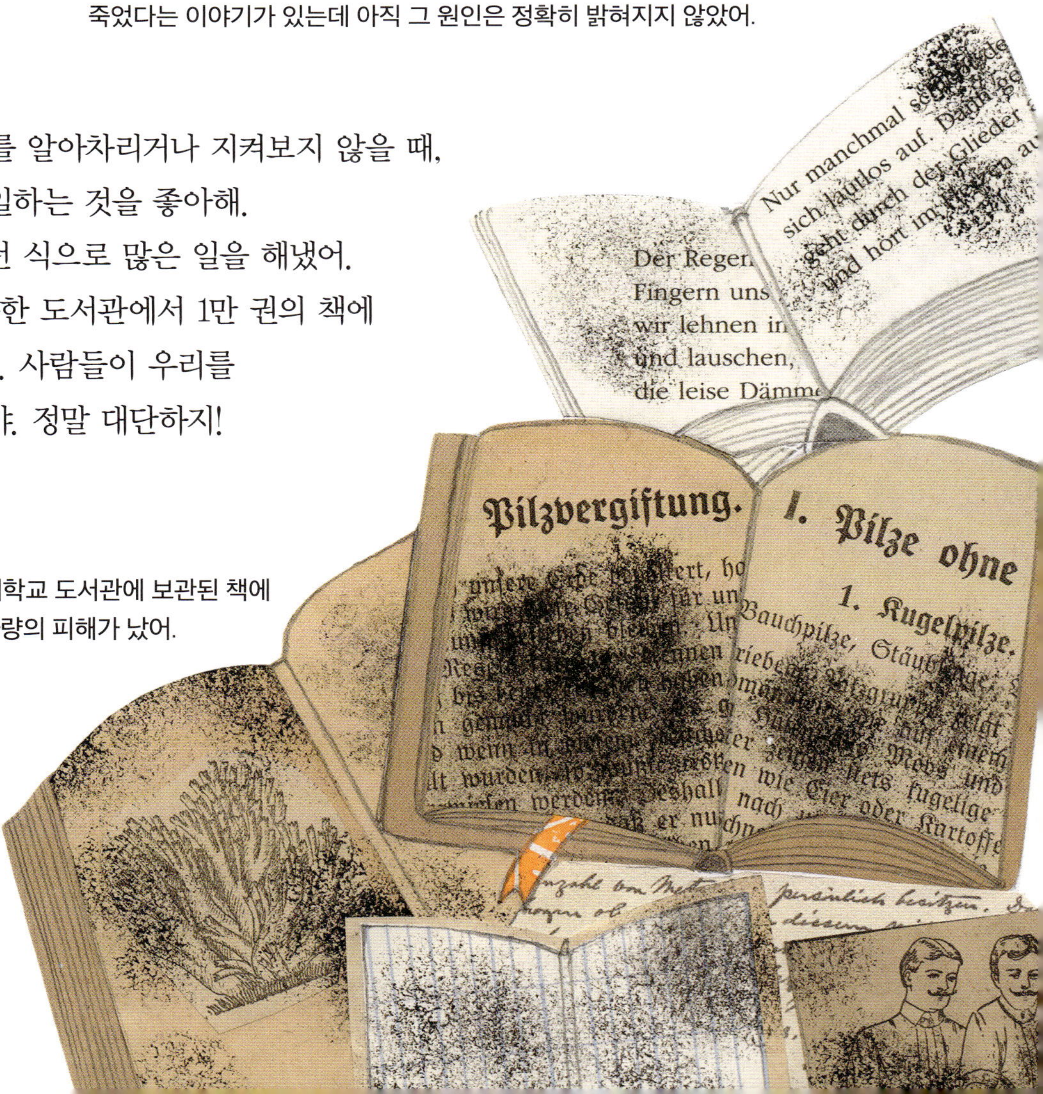

우리 곰팡이들이 서로 잘 알고 친하게 지내는 것은 아니야.

우리 물뿌리개곰팡이들은 무언가를 썩게 만드는 걸 전문으로 하는데
우리가 하는 일과 정반대의 일을 하는 곰팡이도 있어.
음식물이 썩지 않도록 보호하고 또 우리의 일을 방해하는 거지.
이런 곰팡이들은 대부분 치즈를 만드는 전문가들이야.
이 친구들은 우유에 섞여 들어가서 좋은 냄새가 나게 만들어.
그래서 사람들은 이 친구들을 유용 곰팡이라고 불러.
쓸모가 있는 곰팡이라는 뜻이야.

살라미 소시지에는
특별한 곰팡이가 피어.
이 특별한 곰팡이 때문에
살라미 소시지 겉이
흰색으로 변하는 거야.

유용 곰팡이는 카망베르, 고르곤졸라,
로크포르 같은 치즈를 만드는 데 사용돼.
사람에게는 전혀 해롭지 않아.

푸른곰팡이의 라틴어 이름은 페니실리움이야.
1928년 알렉산더 플레밍은 푸른곰팡이에게 박테리아를 죽이는 성질이 있다는 것을 발견했어. 그리고 푸른곰팡이가 만든 박테리아를 죽이는 물질을 페니실린이라고 불렀어.
그러니까 페니실린은 가장 먼저 사용된 항생제인 셈이야.

아주 특별한 일을 하는 푸른곰팡이

푸른곰팡이가 카망베르 치즈에 피면
하얗고 복실복실한 솜털이 생겨.
이 솜털에는 박테리아를 죽이는 강력한 힘이 있어.
사람들은 이 힘을 이용하기로 했어.
생명이 위험한 환자들에게 푸른곰팡이를 약으로 썼어.

우리 친척 가운데에는 사람의 피부에 피는 곰팡이도 있어.
이런 곰팡이는 사람의 피부 중에서도 보드랍고 축축한 곳에 잘 피어.
발가락 사이의 피부나 아기 엉덩이의 깊숙한 곳 같은 데 말이야.
만약 이런 곳이 가렵다면 피부에 곰팡이가 피었다는 뜻이야.

건강한 사람에게는 피부 곰팡이가 위험하지 않아.
하지만 잘 옮기 때문에 항상 조심해야 해.

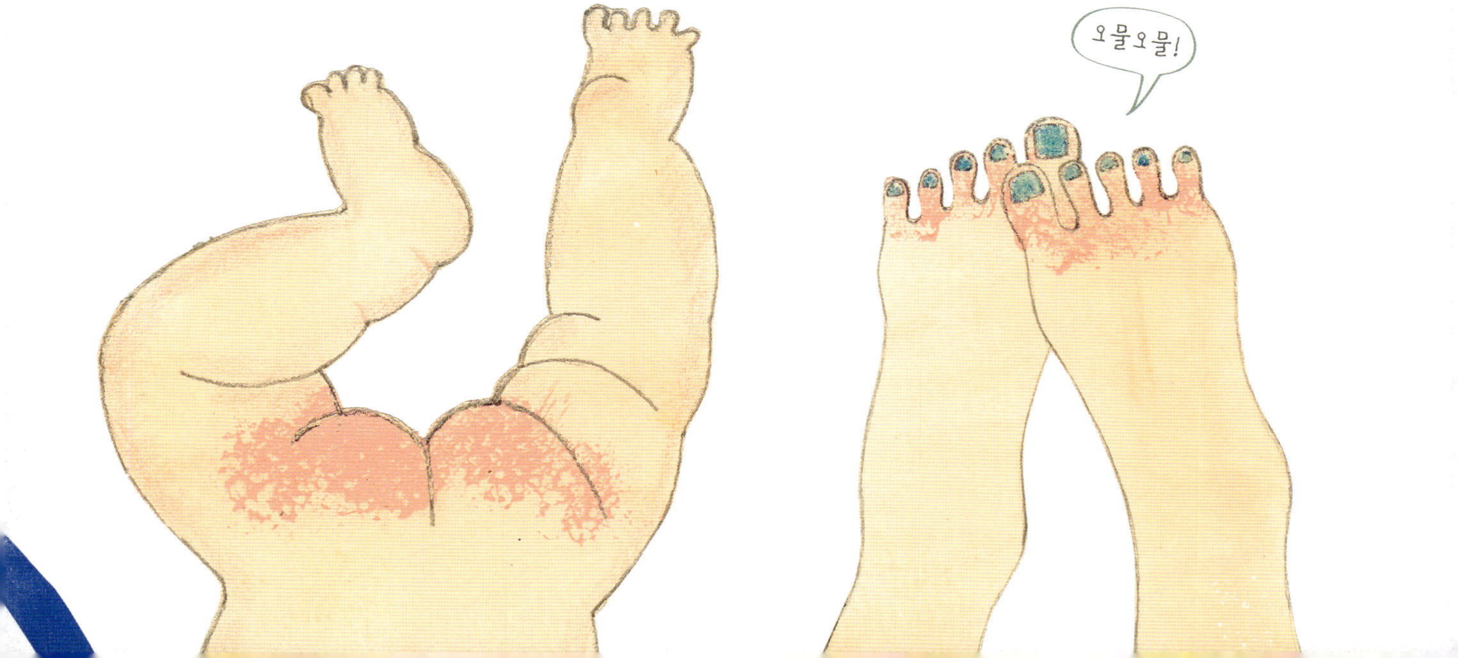

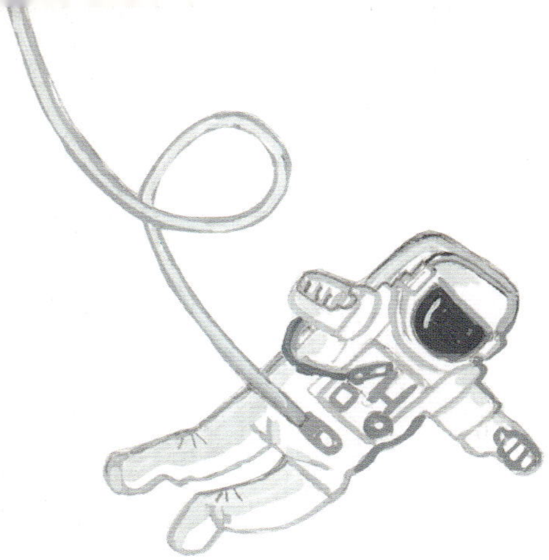

곰팡이가 우주에 왜 있는지는 아직 밝혀지지 않았지만
우주에도 곰팡이가 있어.
국제우주정거장에서 곰팡이가 발견됐거든.
곰팡이는 우주에서도 잘 자라고 잘 퍼져.
마치 지구에서처럼 말이야.

곰팡이의 수는 정말로 많고 종류도 아주 다양해.

우리 곰팡이들은 모두 전문가들이야. 각자 맡은 일이 따로 있지.
사하라 사막에서 높은 산에 이르기까지
전 세계에 살고 있는 곰팡이는 25만 종류나 돼.

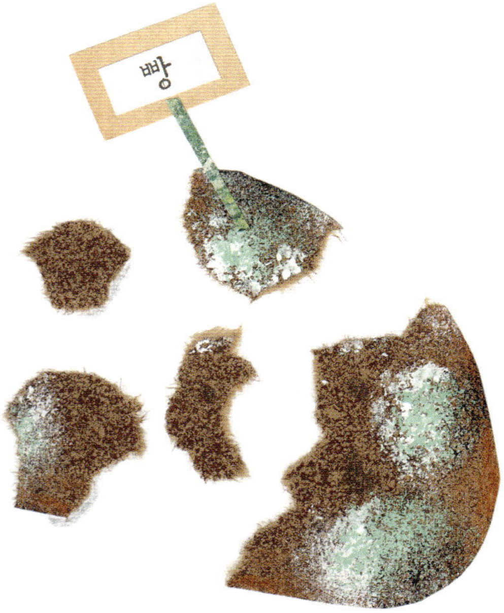

리조푸스 스톨로니페르

빵에 잘 피는 곰팡이야.
주변에서 흔히 볼 수 있어.

푸사리움
자낭균에 속하는 곰팡이인데 곡식과 옥수수 같은 곡식에 잘 피어.
알터나리아
나무, 직물, 퇴비 더미에 사는 그을음병 곰팡이야. 아무데서나 잘 피어.
트리코더마
주로 나무에 피는 흙 곰팡이야.
곰팡이 수지, 아스페르길루스
썩히고 분해하는 전문가야.
아스페르길루스 니제르
검은색의 물뿌리개곰팡이야. 음식물은 물론이고 종이, 가죽 심지어 플라스틱에도 살아.
페니실리움
푸른곰팡이 세계의 엘리트야. 치즈와 항생제를 만들어.
뮤코르
빵, 과일, 야채 같은 것에 잘 피는 털 곰팡이야.
에피더모피톤
주로 사람 피부에 피는 곰팡이야.

짭짭!

곰팡이는 지구에서
가장 나이가 많은 생명체야.

곰팡내 나는 바이킹 건물, 숨 막히는 기사의 성, 축축한 도둑의 소굴….
우리는 너희 사람들이 사는 곳이라면 어디에서든지 편히 살 수 있어.
너희가 우리를 알코올 같은 끔찍한 물질로 빡빡 닦아 내지만 않으면
우리는 맡은 일을 성실하게 해낼 수 있어.

자연에서 곰팡이의 최대 적은
높은 온도와 건조함 그리고 심한 추위야.
물론 곰팡이 종류에 따라 겪는 어려움은 다 달라.

지구에서 가장 큰 생명체는 곰팡이야.
뽕나무버섯속의 꿀버섯이 바로 그것이지.
이 버섯의 균사는 축구장 1만 2000개 넓이만큼
넓게 퍼져 있고, 몸무게는 대왕고래 네 마리를
합친 것과 같아. 나이는 2400세쯤 되었을 거야.

너희는 우리를 살면서
자주 만나게 될 거야.
다음에 또 만나. 안녕!

곰팡이 수지가.

곰팡이와 훌륭한 생태계를 이루며
사는 방법을 탐구해 봐!

우리는 흔히 생물을 동물과 식물 그리고 미생물로 분류합니다. 순전히 사람 입장에서 나눈 것이지요. 움직이면 동물, 한곳에 붙어 살면 식물, 눈에 보이지 않으면 미생물이라는 식으로요. 미생물은 1673년 현미경이 발견된 다음에야 알려졌습니다. 미생물은 맨눈으로는 보이지 않을 정도로 작다는 것 빼고는 이렇다 할 공통점이 없습니다. 그렇다 보니 미생물은 그 범위가 엄청나게 넓습니다. 미생물에는 곰팡이(진균), 원생동물, 세균(박테리아), 바이러스, 조류가 포함됩니다. 이 책의 주인공 곰팡이도 미생물에 속합니다.

'곰팡이'라는 말을 들으면 어떤가요? 기분이 좋아지나요? 대개는 그렇지 않습니다. 곰팡이라는 말만 들어도 거무튀튀한 벽이 생각나고 왠지 축축하고 더러울 것 같고 먹어서는 안 될 것 같은 생각이 듭니다. 이런 생각이 드는 것은 당연한 일입니다. 실제로 곰팡이는 축축하고 따뜻한 곳에 살면서 벽을 더럽히고 음식을 상하게 하니까요. 심한 경우에는 생명을 잃게 만들기도 합니다. 그래서 우리는 곰팡이를 보면 피하게 됩니다.

하지만 우리는 곰팡이 없이는 살 수 없습니다. 우리가 좋아하는 버섯은 모두 곰팡이입니다. 곰팡이들이 모여서 커다란 개체를 이룬 것이지요. 빵과 술을 만드는 데 꼭 필요한 효모도 곰팡이입니다. 치즈마다 색깔과 맛을 다르게 만드는 것도 역시 곰팡이이고요. 죽은 생물을 분해해서 흙과 공기로 되돌려 놓는 일을 하는 것도 곰팡이입니다. 만약 곰팡이가 없다면 어떨까요? 지구는 동물과 식물의 시체로 가득할 것입니다.

곰팡이는 미생물이기는 하지만 세균은 아닙니다. 우리가 항생제로 치료하는 병은 모두 세균이 일으키는 병입니다. 흑사병, 황열, 발진티푸스, 폐렴 같은 것 말입니다. 반면 바이러스나 곰팡이 때문에 생긴 병은 항생제로 치료할 수 없지요. 이게 정말 중요합니다! 곰팡이는 항생제로 죽일 수 없어요. 심지어 곰팡이는 항생제를 만들기도 합니다. 가장 유명한 항생제인 페니실린은 바로 푸른곰팡이가 만들어 내는 물질이거든요. 이렇듯 곰팡이가 만들어 내는 항생제가 없으면 우리는 세균과 싸울 수가 없습니다.

모든 생명체는 저마다 존재하는 이유가 있습니다. 무조건 없애야만 하는 존재도 없고, 무조건 친구가 되어야 하는 존재도 없습니다. 모든 생명체는 서로 적당한 긴장 관계 속에서 살아갑니다. 중요한 것은 우리가 그들과 얼마나 잘 어울려 사느냐 하는 것입니다. 지구상에 존재하는 다른 생명체들과 잘 어울려 살기 위해서는 우선 그들에 대해 잘 알아야겠지요. 그래야 그들의 존재 이유를 알 수 있을 테니까요.

과학은 불필요한 두려움 없이 환경을 파괴하지 않으면서 다른 생명과 훌륭한 생태계를 이루면서 살게 하는 통로입니다. 이 책을 통해 곰팡이와 훌륭한 생태계를 이루며 사는 방법을 알게 되기를 바랍니다.

이정모(서울시립과학관장)

이 책에 나오는 용어들을 살펴볼까요?

균사
효모, 버섯 같은 균류의 몸을 이루는 아주 가는 실 모양의 세포를 말해요. 균사가 모두 모인 것을 균사체라고 해요.

무기물
돌이나 물처럼 생명을 지니지 않고 자연에 원래 있던 물질을 말해요.

박테리아
아주 작은 단세포 생물로, 세균이라고도 해요. 다른 생물체에 의지하여 생활하며 병을 일으키기도 하지만, 발효나 부패 작용을 하여 생태계의 물질 순환에 중요한 역할을 해요.

사상균
실처럼 생긴 곰팡이, 효모, 버섯류 같은 미생물을 통틀어 사상균이라고 해요. 포자로 번식하고, 다른 유기물을 분해해서 영양을 섭취해요.

알레르기
어떤 물질이 몸속에 들어갔을 때 생기는 거부 반응 또는 과민 반응을 말해요. 주로 천식, 코염, 피부 발진 같은 증상으로 나타나요.

유기물
생명체에서 만들어진 물질을 말해요.

자실체
효모, 버섯 같은 균류의 포자(홀씨)를 만들기 위한 영양체예요. 균사가 빽빽하게 모여 덩이를 이루고 있어요. 모양이나 크기는 여러 가지예요.

페니실린
푸른곰팡이에서 얻은 박테리아를 죽이는 항생물질을 말해요. 폐렴, 패혈증 같은 질병을 치료하는 데 쓰여요.

포자
고사리 같은 양치류 식물, 이끼류 식물, 또는 버섯이나 곰팡이 같은 균류가 만들어 내는 생식 세포를 말해요. 보통 홀씨라고도 해요. 하나의 세포로 되어 있고, 단독으로 싹을 틔워 새로운 개체가 돼요.

푸른곰팡이
몸은 실 모양의 균사로 되어 있고, 포자는 공 모양이며, 청록색이거나 회갈색이에요. 페니실린이라고 부르는 박테리아를 죽이는 물질을 만들어 내는 특징이 있어요. 빵이나 떡과 같은 유기물이 많은 곳에 잘 생겨요.

효모
빵, 맥주, 포도주 같은 것을 만드는 데 사용되는 미생물이에요. 곰팡이나 버섯과 같은 부류이지만 균사가 없고 광합성도 하지 않는 하나의 세포로 된 생물이에요.

스콜라 똑똑한 그림책 15

곰팡이 수지

곰팡이의 거의 모든 것

초판 1쇄 발행 2018년 9월 7일 **초판 16쇄 발행** 2024년 6월 19일

지은이 레오노라 라이틀 **옮긴이** 이정모
펴낸이 최순영 **그림책 팀장** 엄주양 **편집** 김민정
키즈 디자인 팀장 이수현 **디자인** 이나혜

펴낸곳 ㈜위즈덤하우스 **출판등록** 2000년 5월 23일 제13-1071호
주소 서울특별시 마포구 양화로 19 합정오피스빌딩 17층
전화 02) 2179-5600
홈페이지 www.wisdomhouse.co.kr **전자우편** kids@wisdomhouse.co.kr

ISBN 978-89-6247-970-6 77400

Susi Schimmel. Vom Verfaulen und Vergammeln by Leonora Leitl
© 2018 Tyrolia-Verlag, Innsbruck-Vienna
Korean Translation Copyright © 2018 by Wisdom House, Inc.
All rights reserved.
The Korean language edition published by arrangement with
Verlagsanstalt Tyrolia GmbH through MOMO Agency, Seoul.

이 책의 한국어판 저작권은 모모 에이전시를 통해
Verlagsanstalt Tyrolia, GmbH 사와의 독점 계약으로 ㈜위즈덤하우스에 있습니다.
저작권법에 의해 한국 내에서 보호를 받는 저작물이므로 무단전재와 복제를 금합니다.

* 인쇄·제작 및 유통상의 파본 도서는 구입하신 서점에서 바꿔드립니다. * 책값은 뒤표지에 있습니다.
* 스콜라는 ㈜위즈덤하우스의 아동·청소년 브랜드입니다.

•제조국 : 대한민국 •사용연령 : 4세 이상
•이 제품이 공통안전기준에 적합하였음을 의미합니다.

오물오물!
쩝쩝!